Des dictées pour l'année

CM1

W0385564

Sandrine BROU
Professeur des écoles
Académie de Nice

La Trousse de Sobelle
Blogueuse

PRÉSENTATION DE LA MÉTHODE

J'ai longtemps été ennuyée pour trouver des textes de dictées qui me convenaient pour les deux niveaux car je ne voulais pas faire deux dictées différentes. Alors j'ai réfléchi à concevoir une méthode qui n'était pas ennuyeuse, rébarbative ni pour moi, ni pour les élèves. Et surtout, une méthode où les documents pour préparer les dictées n'étaient trop longs à faire.

En outre, je ne savais pas non plus comment les corriger pour que cela soit vraiment efficace et surtout pour que les élèves les plus faibles ne soient pas découragés par des tas d'erreurs.

J'ai donc imaginé une méthode avec des textes intéressants que j'ai moi-même inventés.
Chaque texte est accompagné d'un type de dictée.
Il y en a 8 : dictée négociée, flash, accompagnée, commentée, frigo, autodictée, dialoguée et complète. J'explique chacune d'elle à la page suivante.

Pour chaque dictée vous trouverez également les documents pour les dictées à trous à coller dans le cahier pour pour les enfants dys ou à problèmes particuliers.
La méthode suit ma progression de français en conjugaison. Ainsi, les élèves réinvestissent directement les nouvelles notions qu'ils viennent d'étudier en classe.

Je pense qu'il n'est pas nécessaire de passer beaucoup de temps à la préparer... quelques mots à apprendre, quelques conjugaisons à écrire et le tour est joué. C'est pourquoi, les documents à donner aux élèves sont petits et peuvent être collés dans un agenda.

Comment corriger la dictée ?

J'ai mis beaucoup d'années avant de corriger mes dictées correctement. Aujourd'hui je suis satisfaite de ma méthode, je vais donc la partager avec vous :

Une fois la dictée finie, je relis le texte avec les élèves en leur donnant quelques indices pour qu'ils se corrigent au stylo bleu. (Sauf pour la dictée accompagnée ou commentée pour laquelle les indices ont été donnés durant la dictée.)

Ensuite, je commence par demander aux élèves de souligner les mots qui étaient à apprendre et d'entourer les verbes conjugués. Parfois, certains verbes ou mots n'avaient pas à être préparés car ils étaient très faciles ou déjà vus (comme par exemple des verbes du 1er groupe au présent) mais ils doivent quand même les souligner.

Comme je le disais plus haut, pour ne pas décourager les élèves, seuls ces mots ou les conjugaisons qui étaient à préparer, seront comptés dans leur score ainsi que les accords du pluriel des noms (les « s » à la fin).

Le reste de la dictée est bien sûr corrigée. Soit je l'écris intégralement au tableau à l'ancienne, soit je l'écris par projection au fur et à mesure depuis mon ordinateur. Ils se corrigent au stylo vert, sur la ligne qu'ils ont sautée et sous le mot mal écrit. Ils ne barrent pas les mots mais ils mettent une petite croix verte à côté.

A la fin de la correction, dessous la dictée, ils écrivent leurs scores pour les mots à apprendre, les verbes conjugués ou encore les accords.

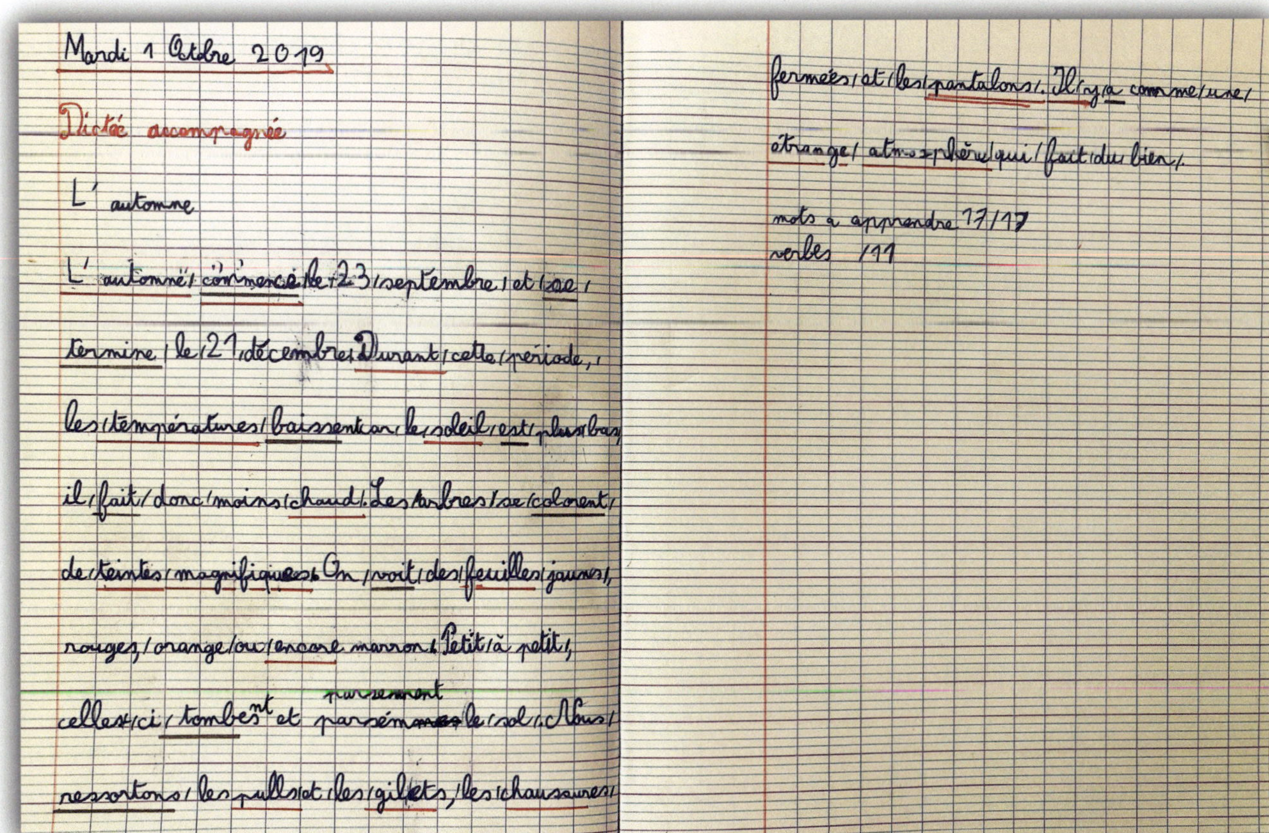

DANS CE LIVRE

Les dictées sont prévues pour une année complète. 30 textes pour 30 dictées pour 36 semaines de classe...

Il est possible télécharger sur mon site « La trousse de Sobelle » tous les textes de dictées. Vous pourrez ainsi les projeter afin de faciliter la correction. Pour cela, il vous faudra aller dans la rubrique « Divers » puis « Mes éditions ».

Vous trouverez donc :

- 30 textes de dictées originaux et uniques spécialement conçus pour cette méthode et qui collent à chaque moment, période ou événements de l'année scolaire. Un type de dictée est proposé mais vous pouvez bien évidemment en changer.

- Ces dictées sont toutes numérotées, avec le temps de conjugaison indiqué et le type de dictée prévu.

- 30 préparations de dictées, à faire en classe ou à faire préparer à la maison et 30 autodictées.

- Les fiches pour les dictées à trous à coller dans le cahier de français ou de dictées pour les deux niveaux.

A noter :

Depuis deux ans, j'ai opté pour un cahier de dictée, petit format, 60 pages. C'est vraiment très pratique !

Découvrez mes autres ouvrages de dictées :

- Des dictées pour le CM2
- Des dictées pour le CM1-CM2 Tome 1, 1ère année
- Des dictées pour le CM1-CM2 Tome 2, 2ème année (pour ne pas refaire les mêmes dictées que l'année précédente)

LES DIFFÉRENTES DICTÉES

1 La dictée complète

Les élèves ont le texte de la dictée entier. Nous la lisons ensemble et nous discutons des difficultés, des mots qu'ils ne connaissent pas. Sur leur texte de dictée, ils soulignent ou entourent individuellement leur propre les mots ou verbes conjugués ou accords qui leur posent problème. Ensuite, ils revoient tout cela à la maison (ou pas). Puis, en classe, le texte est dicté.

2 La dictée frigo

L'enseignant dicte le texte. Les élèves écrivent sur leur cahier de dictée ou de français, directement, au crayon ou au stylo effaçable.
Ils peuvent aussi l'écrire sur le cahier brouillon. L'enseignant ramasse les cahiers et va les mettre « au frigo » autrement dit, au frais, de côté. Pendant ce temps, le texte est affiché au tableau. Les élèves lisent, commentent avec l'enseignant. Puis celui-ci leur redonne leur cahier une fois le texte du tableau caché. Les élèves doivent corriger alors leur dictée en fonction de ce qu'ils se rappellent avoir vu.

3 La dictée commentée

L'enseignant lit la dictée une fois. Puis, la dictée commence. Là, où il y a des difficultés, en dehors des mots et verbes qui étaient à préparer, les élèves et l'enseignant en discutent. On parle des accords, des homonymes, des conjugaisons... Ils corrigent ou écrivent directement les mots en fonction des discussions.

4 La dictée flash

Comme un flash, la dictée est affichée au tableau. Les élèves la lisent. Une discussion démarre sur quelques difficultés. Puis le texte est caché. Ensuite, sous la dictée, les élèves l'écrivent directement sur leur cahier de français ou de dictée.

5 La dictée accompagnée

L'enseignant dicte le texte... quand des mots ou des accords difficiles, qui n'avaient pas à être préparés, se présentent, l'enseignant les écrit au tableau en expliquant la difficulté.

6 La dictée négociée

Les élèves écrivent le texte sous la dictée. Ensuite, par deux, ils vont comparer ce qu'ils ont écrit, « négocier » leurs mots, leurs verbes, leurs accords. Chaque élève doit alors se corriger s'il estime que son voisin a raison. Mais il peut aussi penser que ce qu'a écrit son camarade est faux et donc il peut donc garder son texte.

7 L'autodictée

L'élève apprend par cœur la dictée et l'enseignant ne la dicte pas du tout. Certains pensent que ce genre de dictée n'a aucun intérêt. Je pense le contraire. En effet, pour restituer le texte correctement, l'élève aura du comprendre le pourquoi des accords et des conjugaison.

8 La dictée dialoguée

Au fur et à mesure de la dictée, les élèves posent des questions à l'enseignant sur les accords ou des mots qu'ils ne savent pas écrire (autre que ceux qu'ils avaient à apprendre).

CHAPITRE 1

Les textes de dictées pour l'enseignant

AVEC LES TYPES DE DICTÉES À FAIRE ET LES TEMPS DE CONJUGAISONS VISÉS PAR CES TEXTES.

Dictée flash et frigo

Le présent

1

L'école au Japon

Au Japon, le professeur enseigne toutes les matières sauf la musique et les arts. Les élèves apprennent le japonais, les études sociales, l'arithmétique, les sciences, l'éducation physique et l'économie domestique. En plus du japonais, ils doivent connaitre 1006 caractères chinois (les kanjis) avant la fin des études.

Dictée accompagnée

Le présent

2

La fabrication des cahiers

Dans les usines où sont fabriqués 120 000 cahiers par jour, la pâte à papier arrive sous forme de ballots. Elle est diluée dans l'eau pour être blanchie puis plongée dans la colle pour la rendre plus résistante. Le papier est mis sur des rouleaux géants qui sont découpés en feuilles. Celles-ci sont assemblées pour former les cahiers.

Dictée complète

Le présent

3

Les écureuils

Un écureuil est un petit rongeur arboricole que l'on reconnait à sa queue en panache. Il existe de nombreuses espèces d'écureuils dans le monde. Ils appartiennent tous à la famille des sciuridés. En Europe, le plus connu d'entre eux et celui que l'on rencontre le plus souvent est l'écureuil roux.

Dictée frigo

Le présent

4

L'ONU

L'Organisation des Nations Unies fondée en 1945 est une organisation internationale, regroupant presque tous les Etats de la planète. Son siège est à New York, aux États-Unis.
Elle aide les États en faillite, intervient en cas de catastrophe naturelle et lutte contre les épidémies...

Dictée dialoguée

Le présent

5

Halloween

C'est une fête qui nous vient des Etats-Unis et qui a lieu le 31 octobre. Même si ce n'est pas une coutume française, les enfants aiment bien se déguiser en petits sorciers, fantômes et autres squelettes ! On creuse des citrouilles et on décore les maisons en orange et noir...

Dictée négociée

Le présent

6

Protéger la nature

Pour protéger l'environnement, je ne jette rien par terre ou je ramasse les papiers. Je trie les déchets et je les mets dans la bonne poubelle pour faciliter le recyclage. Je n'oublie pas d'éteindre toutes les lumières et la télévision.

Dictée complète

Le présent

7

Le harcèlement

Le harcèlement est une forme de violence. Il peut être visible, c'est-à-dire, physique avec des coups donnés. Mais il peut être juste verbal ou psychologique (insultes, moqueries...). Il est le fait de plusieurs personnes contre une seule. Ces attaques sont répétées et sont destinées à faire du mal.

Dictée flash

Le présent

8

L'armistice

La première guerre mondiale commence en 1914. Le 11 novembre 1918, après plus de quatre années de combats et des millions de morts, l'Allemagne se rend. C'est l'armistice (la fin des combats). Aujourd'hui, c'est un jour férié, c'est-à-dire qu'on ne travaille pas ce jour-là. C'est aussi une fête nationale.

Dictée accompagnée

Le présent

9

La Grande Muraille de Chine

Elle est un ensemble de fortifications militaires construites pour marquer et défendre la frontière nord de la Chine. C'est la construction humaine la plus grande qu'il existe au monde. On peut même la voir de l'espace. Mais les conditions climatiques et les activités humaines ont dégradé cette structure.

Dictée frigo

Le présent

10

La matière

Tout ce qui nous entoure est constitué de matière. Elle peut être vivante (les arbres, les plantes) ou inerte (les cailloux, le sable). Pour fabriquer des objets elle est très souvent transformée. Ainsi le verre est fabriqué à partir du sable en le chauffant.

Dictée dialoguée

Le présent

11

La Marseillaise

C'est parce qu'elle fait partie des symboles de la République que la Marseillaise est interprétée pendant les cérémonies officielles. Elle date de la Révolution française et a été écrite par Rouget de Lisle. Parfois, les écoliers sont invités à y participer. En plus du refrain, ils chantent alors le premier couplet, le sixième et/ou le couplet des enfants.

Dictée complète

L'impératif présent

12

Recette du gâteau au chocolat

Sortez une plaquette de chocolat et brisez les carreaux de chocolat dans la casserole. Ajoutez 200 grammes de beurre coupés en morceaux. Faites chauffer tout doucement. Dans le saladier, cassez 4 œufs, mélangez-les avec 80 grammes de farine et 160 grammes de sucre.

Dictée négociée

L'impératif présent

13

Pour s'occuper de ton hamster

Achète une cage avec une roue à l'intérieur. Mets de la litière spéciale hamster. Remplis le biberon d'eau et vérifie tous les jours qu'il est plein, surtout en été ! Achète-lui quelques graines sous forme de bâtonnets.

Dictée flash

L'impératif présent

14

Conseils pour tomber malade

1) Ne mettons jamais de manteau, ni de pull : quand il commence à faire bien froid, sortons en débardeur, en short et en sandales comme en été.
2) Laissons les fenêtres ouvertes : faisons entrer l'air glacé de l'hiver dans la maison !

Dictée accompagnée

Le présent

15

La galette des rois

Le 6 janvier est le jour de l'épiphanie. A cette occasion nous mangeons de la galette des rois à base de pâte feuilletée et de frangipane. Dans le sud de la France, nous dégustons une brioche à la fleur d'oranger avec des fruits confits dessus qu'on appelle « gâteau des rois ».

Dictée frigo

Le futur

16

Bulletin météo

Demain, la grisaille sera présente en début de journée. De petites précipitations apparaitront au sud et remonteront vers le nord au cours de la journée. Vers midi, les nuages seront chassés par un vent violent. Le soleil alors brillera sur tout le pays. Cependant les températures resteront basses, il faudra se couvrir, car l'hiver est bien là !

Dictée dialoguée

Le futur

17

Le troisième millénaire

Comment sera le troisième millénaire ? On communiquera avec de nouveaux objets connectés. On ne fera ses courses que par Internet. On vivra tous jusqu'à cent cinquante ans. Des robots fabriqueront nos pizzas. Les voitures se conduiront toutes seules.

Dictée complète

Le futur

18

Mon robot

Mon robot réalisera tous mes souhaits. J'appuierai sur un bouton : il dessinera mon portrait. Sur un autre, il apprendra ma leçon à ma place. Il saura aussi rendre la monnaie. Je n'aurai plus à me lever : il m'amènera à manger quand j'aurai faim, il allumera la télé, il ira faire les courses.

Dictée accompagnée

Le futur

19

La nourriture du futur

Les insectes seront la source de nourriture le plus susceptible de se trouver dans nos assiettes. On consommera des grillons entiers, des sauterelles frites ou encore des vers grillés petits ou gros. Vous pourrez acheter des pâtes et des barres alimentaires faites avec de la farine de criquet.

Dictée négociée

L'imparfait

20

Les pharaons

Les pharaons étaient les rois d'Egypte considérés comme des dieux vivants. Ils disposaient du pouvoir absolu sur tous les égyptiens : ils étaient respectés, obéis et craints. Ils dirigeaient l'armée, ils étaient le juge suprême. Ils portaient une coiffe : le némès. Dessus, se dressaient un cobra et un vautour protecteurs.

Dictée dialoguée

L'imparfait

21

Le dîner de Louis XIV

Le repas du Roi constituait chaque soir un moment important de la vie de la cour. Louis XIV soupait au Grand Couvert, devant les courtisans. Seule la famille royale pouvait manger avec le Roi. L'étiquette définissait très rigoureusement le déroulement de ce souper dont le maître d'hôtel dirigeait les opérations.

Dictée frigo

L'imparfait

22

Le t-Rex

Il était le plus célèbre des tyrannosaures. Il vivait il y a soixante-huit millions d'années en Amérique du nord. Il pesait environ 6 tonnes et mesurait entre douze et quatorze mètres. Il avait une vision stéréoscopique, c'est-à-dire qu'il voyait en relief. Il était un dinosaure carnivore, dangereux et très agressif. Il se nourrissait d'autres dinosaures.

Dictée flash

L'imparfait

23

Zeus, Dieu de l'Olympe

Il y a bien longtemps, les dieux et déesses de la Grèce Antique, vivaient dans des palais perchés au sommet de l'Olympe. Leur maître s'appelait Zeus. Il était sage et très puissant. Mais il lui arrivait d'être en colère. Alors, ses doigts lançaient des éclairs et les autres dieux avaient peur de lui.

Dictée accompagnée

L'imparfait

24

Les Gaulois

Ils portaient des braies (pantalons), une saie (court manteau) et arboraient des bijoux. Ils pratiquaient l'agriculture et l'élevage des bœufs et porcs. Ils étaient d'excellents artisans et commerçants. Ils adoraient plusieurs dieux.

Dictée complète

Le passé composé

25

Champions du monde

En juillet 1998 et en 2018, l'équipe de France de football a remporté par deux fois, la coupe du monde. Tous les français ont sauté de joie, ont crié dans les rues, ou se sont regroupés dans les grandes villes toute la nuit pour remercier leurs champions.

Dictée négociée

Le passé composé

26

Hilter

De 1933 à 1945, en tant que Führer (chef ou guide) du peuple allemand, il a dirigé l'Allemagne et a été le maître absolu du IIIe Reich. Il a mis en place un Etat totalitaire qui contrôlait la population. Il a développé une politique raciste (Le nazisme) en décidant à partir de 1942, l'élimination de tous les Juifs d'Europe.

Dictée accompagnée

Le passé composé

27

Les restos du cœur

Coluche, un humoriste des années 70, a réalisé qu'il y avait beaucoup trop de personnes dans les rues, la nuit en hiver sans nourriture. Il a décidé alors de créer les restos du cœur pour leur venir en aide. Ils leur ont donné à manger et à boire. Petit à petit, ils ont commencé aussi à leur trouver des abris.

Dictée de flash

Le passé simple

28

Lady Di

Diana Spencer épousa le Prince Charles d'Angleterre et ils eurent deux enfants, William et Harry. Mais leur mariage fut un échec et ils divorcèrent après 15 ans de vie commune. Elle fut très populaire pour le peuple britannique. Elle se consacra beaucoup aux causes humanitaires. Mais, elle décéda dans un tragique accident de voiture à Paris en 1997.

Dictée frigo

Le passé simple

29

Beethoven

Il était un compositeur allemand qui vécut à la fin du 18ème siècle. Très jeune il était doué pour la musique. Il jouait du piano, du violon et du violoncelle. Il écrivit sa première œuvre à l'âge de 12 ans. A 26 ans, il commença à devenir sourd. 4 ans après, il composa sa première symphonie.

Dictée complète

Le passé simple

30

Les hamburgers

Le premier hamburger fut élaboré en Allemagne, dans la ville de Hambourg, d'où son nom. Les Américains le reprirent ensuite et lui donnèrent de nombreuses recettes. Les fast-food se développèrent aussi en Europe grâce à ce sandwich. Il devint alors un repas très apprécié également par les Français.

CHAPITRE 2

Les documents pour les élèves

LES DOCUMENTS POUR PRÉPARER LES DICTÉES. À COLLER DANS LES CAHIERS OU DANS LES AGENDAS DES ÉLÈVES.

Préparation à la dictée 1

Apprends les mots suivants :

Professeur, enseigner, sauf, art, connaître, caractère, chinois, avant.

Préparation à la dictée 2

Apprends les mots suivants :

Cahier, pâte, papier, ballot, blanchie, colle, résistante, rouleau, géant, feuille, assemblé.

Apprends ces verbes au présent :

Verbe être : ils sont, elle est

Préparation à la dictée 3

Voici le texte de dictée en entier.

A toi de le préparer comme tu veux.

Un écureuil est un petit rongeur arboricole que l'on reconnait à sa queue en panache. Il existe de nombreuses espèces d'écureuils dans le monde. Ils appartiennent tous à la famille des sciuridés. En Europe, le plus connu d'entre eux et celui que l'on rencontre le plus souvent est l'écureuil roux.

Préparation à la dictée 4

Apprends les mots et les verbes au présent suivants :

* une organisation internationale, un Etat, un siège, New-York, Etats-Unis, la faillite, une catastrophe, une épidémie, un pays
* elle intervient, elle lutte, elle aide

Préparation à la dictée 5

Apprends les mots et les verbes au présent suivants :

* Halloween, une fête, française, se déguiser, sorcier, un fantôme, un squelette, creuser, une citrouille, la maison.
* elle vient, ils aiment, on creuse, on décore

Préparation à la dictée 6

Apprends les mots suivants :

Protéger, environnement, par terre, papier, déchets, poubelle, faciliter, recyclage, éteindre, lumière, télévision

Apprends ces verbes au présent :

Je (ramasser) : ramasse
Je (jeter) : jette
Je (trier) : trie
Je (mettre) : mets
J' (oublier) : oublie

Préparation à la dictée 7

Voici le texte de dictée en entier.

A toi de le préparer comme tu veux.

Le harcèlement est une forme de violence. Il peut être visible, c'est-à-dire, physique avec des coups donnés. Mais il peut être juste verbal ou psychologique (insultes, moqueries…). Il est le fait de plusieurs personnes contre une seule. Ces attaques sont répétées et sont destinées à faire du mal.

Préparation à la dictée 8

Apprends les mots et les verbes au présent suivants :

* l'armistice, la guerre, le combat, l'année, un million, la mort, la fête, l'Allemagne, aujourd'hui, férié.
* elle se rend, on travaille

Préparation à la dictée 9

Apprends les mots et les verbes au présent suivants :

* un ensemble, une fortification, militaire, une frontière, une construction la sauvegarde, l'espace, un homme
* il existe, on peut, elles ont dégradé

Préparation à la dictée (10)

Apprends les mots et les verbes au présent suivants :

matière, entourer, elle peut être, souvent vivante, inerte, caillou, fabriquer, objet, transformé, ainsi, verre, en chauffant

Préparation à la dictée (11)

Apprends les mots suivants :

Parce que, symbole, Marseillaise, pendant, cérémonie, officielle, refrain, couplet

Apprends ces verbes au présent :

ils (chanter) : chantent
elle (faire) : fait

Préparation à la dictée (12)

Voici le texte de dictée en entier.
A toi de le préparer comme tu veux.

Recette du gâteau au chocolat

Sortez une plaquette de chocolat et brisez les carreaux de chocolat dans la casserole. Ajoutez 200 grammes de beurre coupés en morceaux. Faites chauffer tout doucement. Dans le saladier, cassez 4 œufs, mélangez-les avec 80 grammes de farine et 160 grammes de sucre.

Préparation à la dictée (13)

Apprends les mots suivants :

occuper, hamster, cage, roue, intérieur, litière, plein, surtout, quelque, graine, bâtonnet.

Apprends ces verbes au présent de l'impératif à la 2ème personne du singulier

mettre : mets ! remplir : remplis !
vérifier : vérifie ! acheter : achète !

Préparation à la dictée (14)

Apprends les mots suivants :

Conseil, jamais, manteau, pull, froid, short, sandale, fenêtre, hiver, maison

Apprends ces verbes au présent de l'impératif à la 1ère personne du pluriel :

mettre : mettons !
sortir : sortons !
laisser : laissons !
faire : faisons !

Préparation à la dictée (15)

Apprends les mots suivants :

galette, épiphanie, occasion, pâtisserie, pâte feuilletée, frangipane, oranger, confit, dessus.

Ecris ces verbes au présent :

nous (manger) : mangeons
nous (déguster) : dégustons
on (appeler) : appelle

Préparation à la dictée (16)

Apprends les mots suivants :

demain, grisaille, journée, précipitation, nord, nuage, violent, soleil, pays, cependant, température, basse, hiver.

Ecris ces verbes au futur :

il (être) : sera
elles (apparaître) : apparaîtront
elles (remonter) : remonteront
ils (être) : seront
il (briller) : brillera
elles (rester) : resteront
il (falloir) : faudra

Préparation à la dictée (17)

Apprends les mots et les verbes au futur suivants :

* un millénaire, un objet, connecté, seule Internet, jusqu'à, un robot, une pizza
* Il sera, on communiquera, on fera, on vivra, ils aideront, elles se conduiront

Préparation à la dictée 18

Voici le texte de dictée en entier.
A toi de le préparer comme tu veux.

Mon robot réalisera tous mes souhaits. J'appuierai sur un bouton : il dessinera mon portrait. Sur un autre, il apprendra ma leçon à ma place. Il saura aussi rendre la monnaie. Je n'aurai plus à me lever : il m'amènera à manger quand j'aurai faim, il allumera la télé, il ira faire les courses.

Préparation à la dictée 19

Apprends les mots suivants :

un insecte, la source, la nourriture, une assiette, un grillon, une sauterelle, la barre, alimentaire, un criquet

Apprends ces verbes au futur :

Ils (être) : seront
On (consommer) : consommera
Vous (pouvoir) : pourrez

Préparation à la dictée 20

Apprends les mots suivants :

un pharaon, Egypte, des dieux, vivant, égyptien, suprême, une coiffe, dessus, un vautour

Apprends ces verbes à l'imparfait :

il était - ils étaient,
il disposait - ils disposaient,
il avait - ils avaient,
il dirigeait - ils dirigeaient,
il portait - ils portaient,
il se dressait - ils se dressaient.

Préparation à la dictée 21

Apprends les mots suivants :

Le repas, un moment, important, un courtisan, la famille royale, l'étiquette, rigoureusement, le souper, le maître d'hôtel, une opération

Apprends ces verbes à l'imparfait :

il constituait, il soupait, elle mangeait, elle définissait, elle dirigeait

Préparation à la dictée 22

Apprends les mots suivants :

célèbre, un million, environ, un tonne, une vision, c'est-à-dire, en relief, dinosaure, dangereux, agressif

Apprends ces verbes à l'imparfait :

il était, il vivait, il pesait, il avait, il voyait, il se nourrissait.

Préparation à la dictée 23

Apprends les mots suivants :

Un maître, Zeus, puissant, en colère, alors, longtemps, un doigt, un éclair, un autre

Apprends ces verbes à l'imparfait :

il vivait – ils vivaient
il s'appelait – ils s'appelaient
il était – ils étaient
il arrivait – ils arrivaient
il lançait – ils lançaient
il avait - ils avaient

Préparation à la dictée 24

Apprends les mots suivants :

Un Gaulois, une braie, une saie, manteau, des bijoux, un bœuf, un porc, excellent, un artisan, un commerçant, plusieurs.

Apprends ces verbes à l'imparfait :

il portait - ils portaient
il arborait – ils arboraient
il pratiquait – ils pratiquaient
il était – ils étaient
il adorait – ils adoraient

Préparation à la dictée (25)

Apprends les mots suivants :
un champion, football, une équipe, la joie, les français, remercier, un héros

Apprends ces verbes au passé composé :
Elle (remporter) : elle a remporté
Ils (sauter) : ils ont sauté
Ils (crier) : ils ont crié
Ils (se regrouper) : se sont regroupés

Préparation à la dictée (26)

Voici le texte de dictée en entier.
A toi de le préparer comme tu veux.

Hilter

De 1933 à 1945, en tant que Führer (chef ou guide) du peuple allemand, il a dirigé l'Allemagne et a été le maître absolu du IIIe Reich. Il a mis en place un Etat totalitaire qui contrôlait la population. Il a développé une politique raciste (Le nazisme) en décidant à partir de 1942, l'élimination de tous les Juifs d'Europe.

Préparation à la dictée (27)

Apprends les mots suivants :
Le cœur, un humoriste, beaucoup, une personne, l'hiver, la nourriture, en aide

Apprends ces verbes au passé composé :
il a réalisé, il a décidé, ils ont donné, ils ont commencé

Préparation à la dictée (28)

Apprends les mots suivants :
mariage, commune, populaire, le peuple britannique, une cause humanitaire, tragique, un accident

Apprends ces verbes au passé simple :
il fut, elle épousa, ils eurent, ils divorcèrent, elle se consacra, elle décéda

Préparation à la dictée (29)

Apprends les mots suivants :
Beethoven, un compositeur, allemand, jeune, un violoncelle, une œuvre, l'âge, sourd, symphonie.

Apprends ces verbes au passé simple :
il vécut, il écrivit, il commença, il composa

Apprends ces verbes à l'imparfait:
il était, il jouait

Préparation à la dictée (30)

Voici le texte de dictée en entier.
A toi de le préparer comme tu veux.

Le premier hamburger fut élaboré en Allemagne, dans la ville de Hambourg, d'où son nom. Les Américains le reprirent ensuite et lui donnèrent de nombreuses recettes. Les fast-food se développèrent aussi en Europe grâce à ce sandwich. Il devint alors un repas très apprécié également par les Français.

POUR PRÉPARER LES AUTODICTÉES : TEXTES ADAPTÉS, MODIFIÉS, PLUS COURTS

Préparation à la dictée 1

Voici le texte de dictée en entier.
Tu devras savoir l'écrire par coeur.

Au Japon, le professeur enseigne toutes les matières sauf la musique et les arts. Ils n'étudient pas l'Histoire et la géographie. En plus du japonais, ils doivent connaitre mille six caractères chinois (les kanjis) avant la fin des études.

Préparation à la dictée 2

Voici le texte de dictée en entier.
Tu devras savoir l'écrire par coeur.

Dans les usines où sont fabriqués les cahiers, la pâte à papier arrive sous forme de ballots. Elle est diluée dans l'eau puis plongée dans la colle. Le papier est mis sur des rouleaux géants qui sont découpés en feuilles. Puis celles-ci sont assemblées en cahiers.

Préparation à la dictée 3

Voici le texte de dictée en entier.
Tu devras savoir l'écrire par coeur.

Un écureuil est un petit rongeur que l'on reconnait à sa queue en panache. Il existe de nombreuses espèces d'écureuils dans le monde. En Europe, le plus connu d'entre eux et celui que l'on rencontre le plus souvent est l'écureuil roux.

Préparation à la dictée 4

Voici le texte de dictée en entier.
Tu devras savoir l'écrire par coeur.

L'Organisation des Nations Unies regroupe presque tous les Etats de la planète. Son siège est à New York, aux États-Unis. Elle aide les États en faillite, intervient en cas de catastrophe naturelle et lutte contre les épidémies…

Préparation à la dictée 5

Voici le texte de dictée en entier.
Tu devras savoir l'écrire par coeur.

Halloween est a lieu le 31 octobre. Même si ce n'est pas une coutume française, les enfants aiment bien se déguiser en petits sorciers, fantômes et autres squelettes ! On creuse des citrouilles et on décore les maisons en orange et noir…

Préparation à la dictée 6

Voici le texte de dictée en entier.
Tu devras savoir l'écrire par coeur.

Pour protéger l'environnement, je ne jette rien par terre ou je ramasse les papiers. Je trie les déchets et je les mets dans la bonne poubelle pour faciliter le recyclage. Je n'oublie pas d'éteindre toutes les lumières et la télévision.

Préparation à la dictée 7

Voici le texte de dictée en entier.
Tu devras savoir l'écrire par coeur.

Le harcèlement c'est une forme de violence. Il peut être visible avec des coups donnés. Mais il aussi verbal ou psychologique (insultes, moqueries...). Il est le fait de plusieurs personnes contre une seule. Ces attaques sont répétées et sont destinées à faire du mal.

Préparation à la dictée 8

Voici le texte de dictée en entier.
Tu devras savoir l'écrire par coeur.

La première guerre mondiale commence en 1914. le 11 novembre 1918, après plus de quatre années de combats et des millions de morts, l'Allemagne se rend. C'est l'armistice (la fin des combats). Aujourd'hui, c'est un jour férié. C'est aussi une fête nationale.

Préparation à la dictée 9

Voici le texte de dictée en entier.
Tu devras savoir l'écrire par coeur.

La Grande Muraille de Chine est un ensemble de fortifications militaires construites pour marquer et défendre la frontière nord de la Chine. C'est la construction humaine la plus grande qu'il existe au monde.

Préparation à la dictée 10

Voici le texte de dictée en entier.
Tu devras savoir l'écrire par coeur.

Tout ce qui nous entoure est constitué de matière. Elle peut être vivante (les arbres, les plantes) ou inerte (les cailloux, le sable). Pour fabriquer des objets elle est très souvent transformée. Ainsi le verre est fabriqué à partir du sable en le chauffant.

Préparation à la dictée 11

Voici le texte de dictée en entier.
Tu devras savoir l'écrire par coeur.

C'est parce qu'elle fait partie des symboles de la République que la Marseillaise est interprétée pendant les cérémonies officielles. Elle date de la Révolution française et a été composée par Rouget de Lisle en 1789.

Préparation à la dictée 12

Voici le texte de dictée en entier.
Tu devras savoir l'écrire par coeur.

Pour faire un gâteau au chocolat, sortez une plaquette de chocolat à faire fondre avec 200 grammes de beurre en morceaux. Faites chauffer doucement. Dans le saladier, cassez 4 œufs, mélangez-les avec 80 grammes de farine et 160 grammes de sucre.

Préparation à la dictée 13

Voici le texte de dictée en entier.
Tu devras savoir l'écrire par coeur.

Achète une cage avec une roue à l'intérieur. Mets de la litière spéciale hamster. Remplis le biberon d'eau et vérifie tous les jours qu'il est plein, surtout en été ! Achète-lui quelques graines sous forme de bâtonnets.

Préparation à la dictée 14

Voici le texte de dictée en entier.
Tu devras savoir l'écrire par coeur.

Conseils pour tomber malade
1) Ne mettons jamais de manteau, ni de pull : quand il commence à faire bien froid, sortons en débardeur et en short.
2) Laissons les fenêtres ouvertes : faisons entrer l'air glacé de l'hiver dans la maison.

Préparation à la dictée (15)

Voici le texte de dictée en entier.
Tu devras savoir l'écrire par coeur.

Au début du mois de janvier, nous mangeons de la galette des rois à base de pâte feuilletée et de frangipane. Dans le sud de la France, nous dégustons une brioche à la fleur d'oranger avec des fruits confits dessus qu'on appelle « gâteau des rois ».

Préparation à la dictée (16)

Voici le texte de dictée en entier.
Tu devras savoir l'écrire par coeur.

Bulletin météo : Demain, la grisaille sera présente en début de journée. Vers midi, les nuages seront chassés par le vent. Le soleil alors brillera sur tout le pays. Cependant les températures resteront basses, il faudra se couvrir, car l'hiver est bien là !

Préparation à la dictée (17)

Voici le texte de dictée en entier.
Tu devras savoir l'écrire par coeur.

Au troisième millénaire, on communiquera avec de nouveaux objets connectés.
On ne fera ses courses que par Internet.
On vivra tous jusqu'à cent cinquante ans.
Des robots fabriqueront nos pizzas.
Les voitures se conduiront toutes seules.

Préparation à la dictée (18)

Voici le texte de dictée en entier.
Tu devras savoir l'écrire par coeur.

Mon robot réalisera tous mes souhaits. J'appuierai sur un bouton et il dessinera mon portrait. Sur un autre, il apprendra ma leçon à ma place. Je n'aurai plus à me lever : il m'amènera à manger quand j'aurai faim.

Préparation à la dictée (19)

Voici le texte de dictée en entier.
Tu devras savoir l'écrire par coeur.

Dans le futur, les insectes seront la source de nourriture le plus susceptible de se trouver dans nos assiettes. On mangera des sauterelles, des grillons ou des vers grillés. Vous achèterez des pâtes à base de farine de criquet.

Préparation à la dictée (20)

Voici le texte de dictée en entier.
Tu devras savoir l'écrire par coeur.

Les pharaons étaient les rois d'Egypte. Ils disposaient du pouvoir absolu : ils avaient tous les pouvoirs. Ils dirigeaient l'armée, ils étaient le juge suprême. Ils portaient une coiffe : le némès. Dessus, se dressait un cobra et un vautour protecteurs.

Préparation à la dictée (21)

Voici le texte de dictée en entier.
Tu devras savoir l'écrire par coeur.

Le repas de Louis XIV constituait chaque soir un moment important de la vie de la cour. Seule la famille royale pouvait manger avec le Roi. L'étiquette définissait très rigoureusement le déroulement de ce souper.

Préparation à la dictée (22)

Voici le texte de dictée en entier.
Tu devras savoir l'écrire par coeur.

Le T-Rex était le plus célèbre des tyrannosaures. Il vivait il y a 68 millions d'années en Amérique du nord. Il avait une vision spéciale car il voyait en relief. Il était un dinosaure carnivore et très agressif. Il se nourrissait d'autres dinosaures.

Préparation à la dictée (23)

Voici le texte de dictée en entier.
Tu devras savoir l'écrire par coeur.

Il y a bien longtemps, les dieux et déesses de la Grèce Antique, vivaient dans des palais au sommet de l'Olympe. Leur maître s'appelait Zeus. Il était sage et très puissant. Mais il lui arrivait d'être en colère. Alors, ses doigts lançaient des éclairs.

Préparation à la dictée (24)

Voici le texte de dictée en entier.
Tu devras savoir l'écrire par coeur.

Les Gaulois portaient des braies (pantalons), une saie (court manteau) et arboraient des bijoux. Ils pratiquaient l'agriculture et l'élevage des bœufs et porcs. Ils étaient d'excellents artisans et commerçants.

Préparation à la dictée (25)

Voici le texte de dictée en entier.
Tu devras savoir l'écrire par coeur.

En juillet 1998 et en 2019, l'équipe de France de football a remporté la coupe du monde. Tous les français ont sauté de joie et se sont regroupés dans les grandes villes toute la nuit pour remercier leurs champions.

Préparation à la dictée (26)

Voici le texte de dictée en entier.
Tu devras savoir l'écrire par coeur.

De 1933 à 1945, Hitler a dirigé l'Allemagne et a été son maître absolu. Il a mis en place un Etat totalitaire qui contrôlait la population. Il a développé une politique raciste (le nazisme) en éliminant tous les Juifs d'Europe.

Préparation à la dictée (27)

Voici le texte de dictée en entier.
Tu devras savoir l'écrire par coeur.

Coluche, un humoriste des années 70, a réalisé qu'il y avait beaucoup trop de personnes dans les rues, la nuit en hiver sans nourriture. Il a décidé de créer les restos du cœur pour leur venir en aide. Ils leur ont donné à manger et à boire.

Préparation à la dictée (28)

Voici le texte de dictée en entier.
Tu devras savoir l'écrire par coeur.

Diana Spencer épousa le Prince Charles d'Angleterre et ils eurent deux enfants, William et Harry. Elle fut très populaire et elle se consacra aux causes humanitaires. Après son divorce, elle décéda dans un tragique accident de voiture à Paris en 1997.

Préparation à la dictée (29)

Voici le texte de dictée en entier.
Tu devras savoir l'écrire par coeur.

Beethoven était un compositeur allemand qui vécut à la fin du 18ème siècle. Il écrivit sa première œuvre à l'âge de 12 ans. Il jouait du piano, du violon et du violoncelle. Mais il devint sourd. Cependant il continua malgré tout la musique.

Préparation à la dictée (30)

Voici le texte de dictée en entier.
Tu devras savoir l'écrire par coeur.

Le premier hamburger fut élaboré en Allemagne, dans la ville de Hambourg, d'où son nom. Les Américains le reprirent et lui donnèrent de nombreuses recettes. Les fast-food se développèrent en Europe grâce à ce sandwich.

CHAPITRE 1

Les dictées à trous pour les élèves en difficulté

AVEC LES TYPES DE DICTÉES À FAIRE ET LES TEMPS DE CONJUGAISONS VISÉS PAR CES TEXTES.

Complète la dictée à trous et ajoute les marques du pluriel (les « s ») si besoin.

1

L'école au Japon

Au Japon, le ____________ ____________ toute les matière ____________ la musique et les ____________ . Les élèves apprennent le japonais, les études sociales, l'arithmétique, les sciences, l'éducation physique et l'économie domestique. En plus du japonais, il ____________ ____________ mille six ____________ ____________ (les kanjis) ____________ la fin des étude .

Complète la dictée à trous et ajoute les marques du pluriel (les « s ») si besoin.

2

La fabrication des ____________

Dans les usines où sont fabriqués 120 000 ____________ par jour, la ____________ à ____________ arrive sous forme de ____________ . Elle est diluée dans l'eau pour être ____________ puis plongée dans la ____________ pour la rendre plus ____________ . Le ____________ est mis sur des ____________ ____________ qui sont découpés en ____________ . Celles-ci sont ____________ pour former les ____________ .

Complète la dictée à trous et ajoute les marques du pluriel (les « s ») si besoin.

3

Les ____________

Un ____________ ____________ un petit ____________ arboricole que l'on ____________ à sa ____________ en panache. Il ____________ de ____________ ____________ d'____________ dans le monde. Ils ____________ tous à la ____________ des sciuridés. En Europe, le plus connu d'entre ____________ et celui que l'on ____________ le plus souvent ____________ l'____________ ____________.

Complète la dictée à trous et ajoute les marques du pluriel (les « s ») si besoin.

L'ONU

4

L' ______________ des Nation Unie fondée en 1945 ______________ une ______________ ______________, regroupant presque tous les ______________ de la planète. Son ______________ ______________ à ______________, aux ______________. Elle ______________ les ______________ en ______________, ______________ en cas de ______________ naturelle et ______________ contre les ______________ ...

Complète la dictée à trous et ajoute les marques du pluriel (les « s ») si besoin.

____

5

C' est une ______________ qui nous ______________ des Etats-Unis et qui a lieu le 31 octobre. Même si ce n'______________ pas une coutume ______________, les enfant ______________ bien ______________ en petit ______________, ______________ et autre ______________ ! On ______________ des ______________ et on ______________ les maison en orange et noir...

Complète la dictée à trous et ajoute les marques du pluriel (les « s ») si besoin.

______________ la nature

6

Pour ______________ l'______________, je ne ______________ rien ______________ ou je ______________ les ______________. Je trie les ______________ et je les ______________ dans la bonne ______________ pour ______________ le ______________. Je n'______________ pas d'______________ toutes les ______________ et la ______________.

Complète la dictée à trous et ajoute les marques du pluriel (les « s ») si besoin.

7

Le ____________ ______ une forme de __________ . Elle _______

être visible, ______________ , ________ avec des coup donné .

Mais il _______ être juste verbal ou _______________ (insulte , moquerie ...).

Il _______ le fait de _________ __________ contre une seule.

Ces ____________ ______ répétée et ________ destinée à faire du mal.

Complète la dictée à trous et ajoute les marques du pluriel (les « s ») si besoin.

8

____

La première __________ mondiale commence en 1914. le 11 novembre 1918, après plus de quatre ________ de ________ et des ________ de ________ , ____________ ________ . C'est l'____________ (la fin des ________). ____________ , c'est un jour _______ , c'est-à-dire qu'on ne ____________ pas ce jour-là. C'est aussi une _______ ____________ .

Complète la dictée à trous et ajoute les marques du pluriel (les « s ») si besoin.

9

La Grande ____________ de Chine

Elle _____ un ___________ de ______________ ____________ construite pour marquer et défendre la ____________ nord de la Chine. C'est la construction __________ la plus grande qu'il __________ au monde. On ______ même la voir de l'___________ . Mais les condition climatique et les activité des __________ ______ dégradé cette structure.

Complète la dictée à trous et ajoute les marques du pluriel (les « s ») si besoin.

10

La ________________

Tout ce qui nous ______________ est constitué de ________________ . Elle ________ être ____________ (les arbre , les plante) ou ______________ (les _________________ , le sable). Pour __________________ des __________________ elle est très souvent ________________ . ___________ le ____________ est fabriqué à partir du sable en le ________________ .

Complète la dictée à trous et ajoute les marques du pluriel (les « s ») si besoin.

11

C'est ________________ 'elle _________ partie des _________________ de la République que la __________________ est interprétée ________________ les _____________________ __________________ . Elle date de la Révolution française et a été écrite par Rouget de Lisle. Parfois, les écoliers sont invités à y participer. En plus du ______________ , ils _______________ alors le premier _______________ , le sixième et/ou le _______________ des enfant .

Complète la dictée à trous et ajoute les marques du pluriel (les « s ») si besoin.

12

________________ du gâteau au chocolat

____________ une _________________ de chocolat et ____________ les _______________ de chocolat dans la ____________________ . ______________ 200 gramme de _____________ coupé en __________________ . ____________ _________________ tout ___________________ . Dans le ________________ , ______________ 4 ___________ , ___________________-les avec 80 gramme de farine et 160 gramme de sucre.

Complète la dictée à trous et ajoute les marques du pluriel (les « s ») si besoin.

13

Pour t'______________ de ton _________________

________________ une __________ avec une __________ à l'_________________ .

____________ de la _____________ spéciale __________________ . _________________ le biberon d'eau et ______________ tous les jour qu'il est ___________ , surtout en été !

___________________ -lui _________________ _________________ sous forme de ____________________ .

Complète la dictée à trous et ajoute les marques du pluriel (les « s ») si besoin.

14

_______________ pour tomber malade

1) Ne _______________ _______________ de _______________ , ni de _______________ :

quand il commence à faire bien _______________ , _______________ en débardeur, en

__________ et en _______________ comme en été.

2) _______________ les _______________ ouverte : _______________ entrer l'air glacé

de l'_______________ dans la _______________ !

Complète la dictée à trous et ajoute les marques du pluriel (les « s ») si besoin.

15

La _______________ des roi

Le 6 janvier est le jour de l'_______________ . A cette _______________ nous

_______________ de cette _______________ à base de _______________

_______________ et de _______________ . Dans le sud de la France, nous

_______________ une brioche à la fleur d'_______________ avec des fruit

_______________ _______________ qu'on _______________ « gâteau des roi ».

Complète la dictée à trous et ajoute les marques du pluriel (les « s ») si besoin.

16

Bulletin météo

_______________ , la _______________ _______________ présente en début de

_______________ . Des petite _______________ _______________ au sud

et _______________ vers le _______________ au cours de la journée. Vers midi, les

_______________ _______________ chassé par un vent _______________ . Le

_______________ alors _______________ sur tout le _______________ . _______________

les _______________ _______________ basse , il _______________ se couvrir, car

l'_______________ est bien là !

Complète la dictée à trous et ajoute les marques du pluriel (les « s ») si besoin.

17

Le troisième ____________

Comment ________ le troisième ____________ ? On ______________

avec de nouveaux __________ ______________ . On ne ________ ses

course que par ____________ . On __________ tous ____________ cent

cinquante ans. Des ____________ ______________ nos ____________ .

Les voiture se ______________ toute seule .

Complète la dictée à trous et ajoute les marques du pluriel (les « s ») si besoin.

18

Mon ____________

Il ____________ tous mes ______________ . J'____________ sur un bouton

et il ______________ mon ____________ . Sur un autre, il ______________

ma ________ à ma place. Il ____________ aussi rendre la

______________ . Je n'____________ plus à me lever :

il m'______________ à manger ____________ j '__________ __________ ,

il ______________ la télé, il ________ faire les course .

Complète la dictée à trous et ajoute les marques du pluriel (les « s ») si besoin.

19

La ______________ du futur

Les __________ __________ la ______________ de ______________

le plus susceptible de se trouver dans nos ______________ .

On ______________ des ____________ entier , des ______________

frite ou encore des ver grillé petit ou gros. Vous ____________ acheter des

pâte et des __________ ______________ faite avec de la farine de

______________ .

Complète la dictée à trous et ajoute les marques du pluriel (les « s ») si besoin.

20

Les ______________ ______________ les roi d'______________ .

C'______________ des dieu ______________ . Il ______________ du pouvoir absolu sur tous les ______________ : il ______________ tous les pouvoir et ______________ ______________ , obéi et ______________ . Il ______________ l'armée, il ______________ le juge ______________ .

Il ______________ une ______________ : le némès. ______________ , se ______________ un cobra et un ______________ protecteur.

Complète la dictée à trous et ajoute les marques du pluriel (les « s ») si besoin.

21

Le dîner de Louis XIV

Le ______________ du Roi ______________ chaque soir un ______________ ______________ de la vie de la cour. Louis XIV ______________ au Grand Couvert, devant les ______________ . Seule la ______________ ______________ ______________ manger avec le Roi. L'______________ ______________ très ______________ le déroulement de ce ______________ dont le ______________ ______________ ______________ les opération .

Complète la dictée à trous et ajoute les marques du pluriel (les « s ») si besoin.

22

Le t-Rex

Il ______________ le plus ______________ des tyrannosaure . Il ______________ il y a soixante-huit ______________ d'année en Amérique du nord. Il ______________ ______________ six ______________ et ______________ entre douze et quatorze mètre . Il ______________ une ______________ stéréoscopique, ______________ qu'il ______________ en relief. Il ______________ un ______________ carnivore, ______________ et très ______________ . Il ____ ______________ d'autre dinosaure .

Complète la dictée à trous et ajoute les marques du pluriel (les « s ») si besoin.

23

Zeus, Dieu de l'Olympe

Il y a bien ____________________ , les dieu et déesse de la Grèce Antique,

____________________ dans des palais perché au sommet de l'Olympe. Leur

____________ ________________ _________ . Il ____________ sage et très

______________ . Mais il lui ________________ d'être ____ ____________ .

___________ , ses ____________ ________________ des ______________ et les

autre dieu ______________ peur de lui.

Complète la dictée à trous et ajoute les marques du pluriel (les « s » et les « x ») si besoin.

24

Les __________________

Il __________________ des ________________ (des pantalon), une _____________

(court ________________) et ________________ des bijou . Il ________________

l'agriculture et l'élevage des _____________ et _____________ . Il _____________

d'________________ ________________ et commerçant . Il ____-______________

________________ dieu .

Complète la dictée à trous et ajoute les marques du pluriel (les « s ») si besoin.

25

____________________ du monde

En juillet 1998 et en 2019, l' ________________ de France de _______________

___ ______________ par deux fois, la coupe du monde. Tous les ______________

___________________ de _________ , __________________ dans les rue , ou ____ .

_________ __________________ dans les grande ville toute la nuit pour

________________ leurs ____________ .

Complète la dictée à trous et ajoute les marques du pluriel (les « s ») si besoin.

Hilter

26

De 1933 à 1945, en ________ que Führer (chef ou guide) du ____________

_________________ , il ____ ____________ l'________________ et ___

________ le ____________ absolu du IIIe Reich. Il ____ ________ en place un Etat

_____________ qui ______________ la population. Il ___ ______________

une politique ____________ (Le nazisme) en ______________ à partir de 1942,

l'________________ de tous les Juif d' ____________ .

Complète la dictée à trous et ajoute les marques du pluriel (les « s ») si besoin.

Les resto du ____________

27

Coluche, un ________________ des année 70, ___ ____________ qu'il y avait

________________ trop de __________________ dans les rue , la nuit en

___________ sans _________________ . Il ___ _____________ alors de créer

les resto du __________ pour leur venir _____ __________ . Il leur _____

_____________ à manger et à boire. Petit à petit, il ______ ________________

aussi à leur trouver des abri .

Complète la dictée à trous et ajoute les marques du pluriel (les « s ») si besoin.

Lady Di

28

Diana Spencer __________________ le Prince Charles d'Angleterre et ils

________________ deux enfant , William et Harry. Mais leur ________________

________ un échec et il ________________ après quinze an de vie

_________________ . Elle ________ très ________________ pour le peuple

_________________ . Elle ______________ beaucoup aux ________________

______________________ . Mais, elle ______________ dans un ______________

_________________ de voiture à Paris en 1997.

Complète la dictée à trous et ajoute les marques du pluriel (les « s ») si besoin.

29

____

Il ____________ un ________________ __________________ qui ___________ à la fin du 18ème siècle. Très __________ il ___________ doué pour la musique.

Il ______________ du piano, du violon et du ___________________ .

Il _______________ sa première ______________ à l'________ de douze an .

A vingt-six an , il ______________________ à devenir ______________ .

Quatre an après, il ___________________ sa première _______________________ .

Complète la dictée à trous et ajoute les marques du pluriel (les « s ») si besoin.

30

Les ___________________

Le premier _________________ ________ élaboré en __________________ , dans la ville de Hambourg, d'où son nom. Les ___________________ le _____________________ ensuite et lui __________________ de _________________ ________________ . Les __________________ ____ _____________________ aussi en _______________ ___________ à ce __________________ . Il _________________ alors un repas très _________________ également par les Français.

Printed in France by Amazon
Brétigny-sur-Orge, FR

11347435R00020